BEI GRIN MACHT SICH IHR WISSEN BEZAHLT

- Wir veröffentlichen Ihre Hausarbeit,
  Bachelor- und Masterarbeit

- Ihr eigenes eBook und Buch -
  weltweit in allen wichtigen Shops

- Verdienen Sie an jedem Verkauf

Jetzt bei www.GRIN.com hochladen
und kostenlos publizieren

Strategiebericht für ein Premiumstudio in Rostock

Noah Gerkmann Miralpeix

Bibliografische Information der Deutschen Nationalbibliothek:

Die Deutsche Nationalbibliothek verzeichnet diese Publikation in der Deutschen Nationalbibliografie; detaillierte bibliografische Daten sind im Internet über http://dnb.d-nb.de abrufbar.

ISBN: 9783346438324
Dieses Buch ist auch als E-Book erhältlich.

© GRIN Publishing GmbH
Nymphenburger Straße 86
80636 München

Druck und Bindung: Books on Demand GmbH, Norderstedt Germany
Gedruckt auf säurefreiem Papier aus verantwortungsvollen Quellen

Das vorliegende Werk wurde sorgfältig erarbeitet. Dennoch übernehmen Autoren und Verlag für die Richtigkeit von Angaben, Hinweisen, Links und Ratschlägen sowie eventuelle Druckfehler keine Haftung.

Das Buch bei GRIN: https://www.grin.com/document/1030450

Deutsche Hochschule für

Prävention und Gesundheitsmanagement

Hermann Neuberger Sportschule 3

66123 Saarbrücken

Name, Vorname.	Gerkmann Miralpeix, Noah
Modul:	Strategisches Management
Studiengang:	MBA Sport-/ Gesundheitsmanagement
Datum Präsenzphase:	21.09.20 bis 24.09.20
Studienort:	Saarbrücken

Inhaltsverzeichnis

1 Darstellung der Ausgangssituation

1.1 Wahl des Standortes

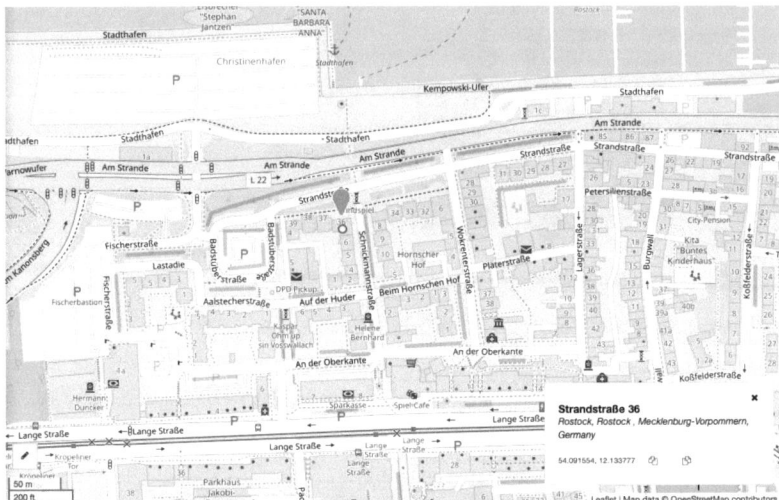

Abbildung 1: Standort des potenziellen Fitnessstudios (Openrouteservice, 2020)

Das Fitnessstudio mit der Ausrichtung im Premiumsegment befindet sich in der Strandstraße 36, 18055 Rostock. Das Unternehmen befindet sich im Stadtteil Stadtmitte des Ortsamtes Mitte. Der Standort wurde in diesem Gebiet gewählt, da der Stadtteil Mitte über den höchsten Kaufkraftindex je Einwohner und Haushalt verfügt. Dieser lag im Jahr 2020 bei 104,8 Prozent je Einwohner und bei 88,1 Prozent je Haushalt. Zum Vergleich liegt der durchschnittliche Kaufkraftindex in Rostock bei 86,2 Prozent je Einwohner und bei 72,5 Prozent je Haushalt (GfK GeoMarketing GmbH, 2020, S. 6). Dem entsprechend können sich die potenziellen Mitglieder in diesem Stadtgebiet das Training leisten. Geografisch liegt das Unternehmen mit Blick auf den Hafen Rostocks, was für eine hanseatische Atmosphäre sorgt. Darüber hinaus ist die Anbindung mit geeigneten Bus und Bahnhöfen im Zentrum dieser Stadt ebenfalls gegeben. In diesem Teil der Stadt gibt es eine Vielzahl von Mitbewerbern. Einige Beispiele sind Fitness First, Fit One und Kieser Training.

1.2 Beschreibung des Unternehmenstyps

Der Unternehmenstyp kann durch die vier klassischen marketingpolitischen Instrumente beschrieben werden. Die sind die Produktpolitik, die Preispolitik, die Distributionspolitik und die Kommunikationspolitik beschrieben werden (Dunker, 2006, S. 26). Diese werden auch 4P-Modell genannt. Darüber hinaus wird eine Differenzierungsstrategie verfolgt. Dies bedeutet, dass man versucht, das Produkt für die Branche einzigartig zu gestalten und darüber einen höheren Preis zu erzielen (Weis, 2012, S. 153). Diese Einzigartigkeit soll in einer Ausrichtung im Bereich des gesundheitsorientierten Fitnesstrainings erzielt werden.

Die Produkt- und Programmpolitik umfasst alle Entscheidungen, die sich auf die Gestaltung der von dem Unternehmen auf dem Absatzmarkt angebotenen Leistungen beziehen (Meffert, Burmann & Kirchgeorg, 2012, S. 385). Das Fitnessstudio soll vor allem durch eine hervorragende Betreuung auffallen. Diese erstklassige Betreuung kommt durch ein Team entsprechend ausgebildeter Mitarbeiter zustande. Dabei soll der Leiter der Trainingsfläche über ein abgeschlossenes Hochschulstudium im Bereich Fitness und Gesundheit verfügen. Die restlichen Trainer sollen mindestens eine A-Lizenz haben. Außerdem wird es im Rahmen der Betreuung regelmäßige Termine mit einem Trainer der Wahl des Mitglieds geben. Durch diesen hohen Standard wird gewährleistet, dass sich der neue Fitnessklub von den Mitbewerber abhebt. Darüber hinaus wird es im Kurskonzept Präventionskurs nach §20 Abs.1 SGB V, welcher durch die gesetzlichen Krankenkassen gefördert wird. Da diese Form an Kursen gut zu der Ausrichtung des Fitnessstudios passt und wenige Anbieter diese Kurse anbieten, wird man sich auch hier abheben und entsprechend am Markt positionieren. Neben der hochwertigen Software bzw. Mitarbeiter/ Betreuung wird den Mitgliedern auch erstklassige Hardware fürs Training zur Verfügung gestellt. Dabei soll der Fitnessklub neben einer großzügigen Fläche von 2000m², zwei Kursräumen, einem Freihantelbereich, einem Gerätepark, einem Bereich zur Erholung und Dehnung auch über einen großzügigen Wellnessbereich verfügen. Dieser soll durch ein Dampfbad, eine finnische Sauna und einer Regenwasserdusche hervorstechen.

Die Kontrahierungspolitik meint die Entscheidungen über das Entgelt für das Leistungsangebot (Dunker, 2006, S. 31). Dabei soll es Mitgliedschaft zwischen sechs und 24 Monaten geben, die zwischen 69 Euro und 99 Euro kosten sollen. Durch diese Mitgliedschaften hat man die Möglichkeit, das gesamte Angebot in der Einrichtung zu nutzen. Im Rahmen der Distributionspolitik wird ein direkter Absatz im Fitnessklub erzielt.

Dieser wird im Rahmen der Kommunikationspolitik durch einen Vollzeit angestellten Vertriebler begünstigt. Dieser wird Leads durch Kampagnen über Social Media erhalten und diese zu Beratungsgesprächen einladen. Ein entsprechend geschultes Beratungs- und Servicepersonal ist dabei von Vorteil, um viele Abschlüsse bei dem kaufkräftigen Publikum zu erzielen.

2 Phase der strategischen Zielplanung

2.1 Unternehmerische Vision/ Mission/ Grundwerte

Zu Beginn einer unternehmerischen Tätigkeit steht die Vision, die das grundlegende Instrument für die strategische Führung bildet (Simon & Gathen, 2010, S. 15). Hinterhuber schreibt „das Wesen einer Vision liegt in der Richtung, die sie weit, und in dem Sinn, den sie macht, nicht in den Grenzen, die sie setzt; sie liegt in dem, was sie ins Leben ruft, nicht in dem, was sie abschließt, in den Fragen, die sie abwirft, nicht in den Antworten, die sie für diese findet" (2011, S. 83). Die Vision des neuen Fitnessklubs ist es, einen Ort zu schaffen, der in 20 Jahren genau so akzeptiert ist wie ein Friseurbesuch. Zum Schneiden der Haare gehen Menschen zum Friseur, für die Förderung der Gesundheit und der Prävention und Rehabilitation von Erkrankungen gehen die Menschen in den neuen Fitnessklub. Dabei soll vor allem das Image der Fitnessbranche weg von der Muckibude hin zu einem festen Bestandteil des Lebens werden. Bei dieser Vision handelt es sich um eine rollenfokussierte Vision (Müller-Stewens & Lechner, 2011, S. 226).

Die Mission bezieht sich im Gegensatz zur Vision auf die Gegenwart. Sie stellt den Nutzen und den Zweck dar, den das Unternehmen bereit hält (Müller-Stewens & Lechner, 2011, S. 227). Im Fall dieses Fitnessstudios ist die Mission, dass die Mitglieder ihre Schmerzen lindern, ihre Gesundheit steigern und ihr inneres Wohlbefinden verbessern können.

Die Grundwerte, auch Core Values genannt, spiegeln die Vision wieder. Sie zeigen die zentralen Werte des Unternehmens als „dauerhafte, handlungsleitende Maxime, die einen kollektiven Status besitzen. Sie geben Aufschluss über das, was als angemessen und wertvoll empfunden wird und was nicht" (Müller-Stewens & Lechner, 2011, S. 233). Die Grundwerte des Unternehmens werden in der folgenden Tabelle dargestellt.

Tabelle 1: Grundwerte des Unternehmens (eigene Darstellung)

Grundwert	Erklärung
Professionell	Unsere Mitarbeiter sollen durch eine erstklassige Ausbildung, ein kompetenter Ansprechpartner in allen Belangen rund ums Training sein.
Empathisch	Ein Trainer ist zu einen gewissen Grad auch immer Freund und Seelsorger. Daher sollte sich der Mitarbeiter immer aufrichtig für den Kunden interessieren und eine positive Beziehungsebene führen.
Gesundheit fördern	Die Konzepte des Fitnessstudios müssen immer auf dem neusten Stand sein, damit die Mitglieder effektiv vorankommen.
Aufklären	Durch die professionellen Mitarbeiter und das Betreuungskonzept können wir die Mitglieder effektiv über ihre Gesundheit aufklären und erreichen, dass sie ihre Gesundheit verbessern.

2.2 Strategische Zielplanung

Im nächsten Schritt werden die unternehmerischen Ziele präzisiert, da die Vision, die Mission und die Grundwerte eher abstrakt formuliert und weit in die Zukunft gerichtet sind. Ein strategisches Ziel zeichnet sich durch die Parameter Inhalt, Ausmaß und Zeit aus. Darüber hinaus ist wichtig zu benennen, wer das Ziel erreichen soll und wo die Zielerreichung stattfinden soll (Welge & Al-Laham, 2012, S. 213). Die Vision und der unternehmerische Zweck bilden also die Grundlage und die strategischen Ziele richten sich daran aus. Die präzise formulierten strategischen Ziele sorgen dann dafür, dass die Vision und der unternehmerische Zweck erfüllt werden. Die Gewinnmaximierung steht dabei nicht bei jedem Ziel im Vordergrund (Müller-Stewens & Lechner, 2011, S. 246 f.). Es stehen die Sicherung der Wettbewerbsfähigkeit, die Kundenzufriedenheit und die Qualität des Angebots ebenso im Vordergrund (2012, S. 213).

In der folgenden Tabelle lassen sich an diesen theoretischen Hintergrund angelehnt die strategischen Ziele erkennen.

Tabelle 2: Strategische Ziele des Unternehmens (eigene Darstellung)

Inhalt	Ausmaß	Zeit
Aufbau von Mitgliedern	2000 Anmeldungen	Bis in 4 Jahren
Aufbau eines funktionierenden Teams aus Mitarbeitern	1 Klubmanager, 1 leitender Sportwissenschaftler, 10 A-Lizenz Trainer, 5 Servicekräfte, 15 Kurstrainer als Freelancer, 2 Vertriebler	Bis in 4 Jahren
Mitarbeiterfluktuation	Weniger als 10 Prozent	Ab 4 Jahr
Fluktuation bei den Mitgliedern	Weniger als 10 Prozent	Ab 4 Jahr

2.3 Branchenvergleich

Um zu ermitteln, ob das geplante Unternehmen wettbewerbsfähig sein wird, muss es mit den anderen juristischen Personen im regionalen und überregionalen Markt verglichen werden. Die folgernde Tabelle zeigt die Vision, die Mission und die Grundwerte von anderen Unternehmen dieses Typs am Markt.

Tabelle 3: Vision, Missionen und Grundwerte anderer Unternehmen (eigene Darstellung)

Unternehmen	Vision	Mission	Grundwerte
Fitness First	We are Fitness Leaders who inspire people to go further in life	Menschen für das Thema Fitness im Alltag inspirieren	Win together, aim higher, own it, we care, love what we do
Kieser Training	Die Welt Kräftigen	Eine starke Muskulatur als Basis für ein aktives und gesundes Leben	hochwertiges Produkt, Qualität, puristisch (Konzentration auf das Training)

Vergleicht man die Visionen der drei Fitnessanbieter, so wird einem klar, dass diese komplett unterschiedlich sind. Während die Vision von Fitness First eher feindfokussiert ist, geht die Vision von Kieser Training in eine wandelfokussierte Richtung. Die erarbeite Vision des neuen Fitnessklubs geht schließlich in eine rollenfokussierte Richtung. Daraus lässt sich schließen, dass trotz ähnlichen Angebots die Vision durchaus unterschiedlich sein, da es immer andere Beweggründe sind, welche die Gründer zur Existenzgründung bewogen haben. Lediglich der gesundheitsorientierte Charakter des Kieser Trainings ähnelt dem Wesen des Konzepts vom neu konzipierten Fitnessklub.

Dadurch, dass Vision unterschiedlich sind, gehen die Mission wieder stark auseinander. Während Fitness First versucht, Menschen für das Thema Fitness im Alltag zu sensibilisieren, geht Kieser Training wieder die gesundheitsorientierte Richtung. Kieser Training sieht dabei das Training als Möglichkeit für ein aktives und gesundes Leben. Bei der Mission ähnelt Kieser Training der erstellten Mission des neuen Fitnessanbieters in Rostock.

Die Grundwerte gehen bei allen drei Unternehmen weit auseinander. Kieser Training steht für reines, qualitativ hochwertiges Training. Fitness First hingegen steht eher für den Teamcharakter und das passionierte streben nach einem Ziel. Der geplante Standort in Rostock versucht dabei, das professionell, gesundheitsorientierte Training von Kieser Training, mit dem Teamcharakter und der engen Bindung an den Kunden zu kombinieren.

3 Phase der strategischen Analyse und Prognose

3.1 Branchenstrukturanalyse

Nach Porter beeinflussen fünf Strukturmerkmale einer Branche die Rentabilität von Unternehmen. Das Five Forces Modell in der folgenden Abbildung zeigt dieses Prinzip auf. Diese Strukturmerkmale werden darauf folgend auf den Unternehmenstyp übertragen.

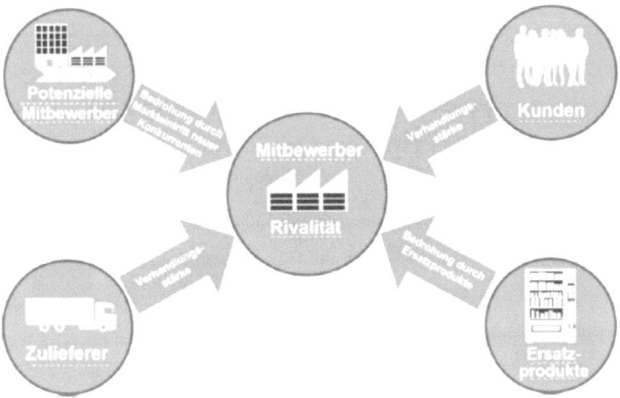

Abbildung 2: Five Forces Modell (Porter, 2000, S. 29)

Im Bereich der Mitbewerber-Rivalität gibt es im näheren Umfeld des Unternehmens einige Mitbewerber. Diese sind zum Beispiel Fitness First, Fit One und Kieser Training. Darüber hinaus können auch Vereine im Bereich des Rehasports eine Konkurrenz darstellen.

Da die Fitnessbranche keinerlei Eintrittshürden hat und viele Sportanbieter mit einer kleinen Fläche auskommen und somit weniger Startkapital brauchen, kann jedes finanzstarke Unternehmen einen Konkurrenten darstellen. Aktuell geht die Bedrohung aber eher von auf dem Markt etablierten Anbietern aus.

Im Bereich der Zulieferer stellt das Erwerben von Trainingsgeräten keine Hürde dar. Es können aber Kooperation eine wichtige Rolle spielen. Gerade im Bereich des Rehasports ist eine Kooperation mit einem Arzt sinnvoll, der einen als Anbieter und durch Duschführer solcher Heilbehandlungen empfiehlt.

In der Fitnessbranche gibt es eine Vielzahl von Ersatzprodukten. Gerade im Bereich des virtuellen Trainings gibt es viele Alternativen. Es gibt beispielsweise in dem Bereich von der Krankenkasse geförderte Programme, die der Abnehmer virtuell angeleitet zu Hause ausführen kann. Die Techniker Krankenkasse bietet zum Beispiel online Fitnesscoachings an (Techniker Krankenkasse, 2020).

Der Kunde hat durch eine Vielzahl an Angeboten eine hohe Verhandlungsstärke. Gerade durch eine Vielzahl an Ersatzprodukten und einem durch das Internet immer aufgeklärteren Bürger wird diese Verhandlungsmacht gesteigert.

3.2 SWOT-Analyse

SWOT wird aus dem Eglischen abgeleitet und steht für strength, weakness, opportunities und threats (Venzin et al., 2010, S. 53). Die SWOT-Analyse gliedert sich in drei Schritte. Diese sind die Unternehmensanalyse, die Umweltanalyse und das Erstellen einer SWOT-Matrix (Bea & Haas, 2013, S. 120). Im Folgenden werden diese Schritte durchgeführt und begründet.

Bei der Unternehmensanalyse werden Stärken und Schwächen des Unternehmens analysiert. Dabei handelt es sich um eine rein innere Betrachtung. Die folgende Tabelle zeigt diese Stärken und Schwächen auf.

Tabelle 4: Stärken und Schwächen des Unternehmens (eigene Darstellung)

Stärken	Schwächen
Kundenbindung	Hohe Lohnkosten
Erstklassiges Betreuungskonzept	Niedriger Bekanntheitsgrad
Erstklassiges Personal	Hohes Startkapital nötig
Durch Krankenkasse geförderte Kurse z. B. Kurse nach § 20 Abs. 1 SGB V	Hoher Personalaufwand

Betrachtet man die Stärken und Schwächen wird einem bewusst, dass der Fitnessklub, der durch Qualität überzeugen möchte, erhebliche Kosten stemmen muss, um das Produkt finanzieren zu können. Auch ein niedriger Bekanntheitsgrad und der Mangel an Kooperationsmöglichkeiten für die geförderten Kursmöglichkeiten stellen erhebliche Schwächen dar.

Im nächsten Schritt geht es um die Umweltanalyse. Bei diesem Teil werden die Chancen und Risiken analysiert. Dabei handelt es sich um eine externe Betrachtung des Unternehmensumfeldes. Die folgende Tabelle zeigt die Chancen und Risiken des Unternehmenstyps.

Tabelle 5: Chancen und Risiken des Unternehmens (eigene Darstellung)

Chancen	Risiken
Wachsender Markt	Wachsende Firmen mit Ersatzprodukten
Vielzahl an möglichen Kooperationspartnern	Konkurrenten wie z.B. Kieser Training sind bekannter. Höhere Marktdurchdringung
Technologischer Fortschritt durch neuste Trainingsgeräte	Hohe Kundenerwartung
Produktinnovation am Markt	Kunden erkennen nicht die Wichtigkeit von Gesundheit und Betreuung

Die Chancen und Risiken des Unternehmens zeigen, dass ein durch das Internet aufgeklärter Kunden hohe Ansprüche stellen wird und den Wert einer hochwertigen Betreuung eventuell nicht wertschätzen wird. Darüber hinaus gibt es bereits Anbieter wie z. B. Kieser Training im direkten Marktgebiet, die ein gesundheitsorientiertes Training anbieten. Außerdem gibt es eine Vielzahl von kostengünstigen Ersatzprodukten im Internet. Dennoch kann das Unternehmen mögliche Kooperationspartner als Multiplikatoren nutzen und sich durch technologischen Fortschritt am wachsenden Fitnessmarkt behaupten.

Anbei erfolgt der letzte Schritt der SWOT-Analyse mit dem Erstellen der SWOT-Matrix. In ihr werden die Unternehmensanalyse und die Umweltanalyse verknüpft, um Strategien ableiten zu können. Die folgende Tabelle zeigt die SWOT-Matrix mit jeweils zwei Strategien.

Tabelle 6: SWOT-Matrix des Unternehmens (eigene Darstellung)

		Umweltanalyse	
		Chancen	Risiken
Unternehmensanalyse	Stäken	S-O-Strategien: -Angebot von geförderten Kursen nutzen, Kooperationspartner zur Weiterempfehlung zu gewinnen -Personal nutzen, um das Betreuungskonzept immer weiter für den Kunden zu optimieren	S-T-Strategien: -Mit erstklassigem Personal dem hohem Qualitätsanspruch des Kunden gerecht werden -Mit hoher Kundenbindung Zahl an Weiterempfehlungen steigern, um die Bekanntheit zu steigern
	Schwächen	W-O-Strategien: -Bekanntheitsgrad steigern, um die Marktdurchdringung zu erhöhen -Personalkosten reduzieren, um mehr Kapital für neue Technologien zu haben	W-T-Strategien: -Bekanntheitsgrad erhöhen, damit Konkurrenten wie Kieser Training vom Markt verdrängt werden -Viel Umsatz machen, damit das hochwertige Personal gehalten werden kann. Das nehmen Kunden als Qualität war.

3.3 Zielplanung

Anhand der SWOT-Analyse lässt sich erkennen, dass das Hauptziel der Qualitätsführerschaft im Herzen Rostocks realisierbar ist. Wichtig ist, zu beachten, dass das Unternehmen viel Arbeit in den Vertrieb und den Aufbau der Bekanntheit in Rostock legen muss. Dies gewährleistet, dass sich der Fitnessanbieter das entsprechende Personal langfristig leisten kann und die Qualität langfristig sichert. Davon abgeleitet sind die aufgestellten Ziele zu Mitgliederwachstum, dem Team, der Mitarbeiterfluktuation und der Fluktuation der Mitglieder richtig abgeleitet worden und treffen die Kernfragen, die das Unternehmen in den ersten Geschäftsjahren beschäftigt. Diese sind die Fragen nach Umsatz und Personal. Die aufgestellten Ziele sind in dem bereits beschriebenen Zeitrahmen realistisch zu erreichen.

4 Phase der Strategieformulierung

4.1 Strategieformulierung

Auf Unternehmensebe plant der neue Fitnessanbieter eine Wachstumsstrategie. Diese Strategie wurde gewählt, da es sich bei diesem Unternehmenstyp um einen neuen Anbieter handelt, der zunächst versuchen muss, Marktanteile im Rostocker Raum zu erobern. Unter diesem Gesichtspunkt hat sich das Unternehmen den Aufbau von 2000 Mitgliedern in den ersten vier Jahren als Ziel gesetzt. Nimmt man Bezug auf die Vier-Felder-Matrix nach Ansoff, einer der bekanntesten Strategien für strategisches Wachstum (Becker, 2011, S. 122), wird eine Marktdurchdringung angestrebt. Dies resultiert daraus, dass bestehende Produkte wie zum Beispiel das Angebot von Rehasport auf bestehenden Märkten angeboten wird (Nagel & Wimmer, 2009, S. 206). Außerdem findet diese Strategie Anwendung, wenn der eigene Marktanteil gegenüber der Konkurrenz erhöht werden soll (Simon & Gathen, 2010, S. 29), was ebenfalls auf das zu konzipierende Fitnessstudio zutrifft. Des Weiteren sollen Kooperation im Gesundheitssektor dazu führen, dass Synergieeffekte ausgelöst werden.

Im Bereich der Geschäftsebene wird mit einer Differenzierungsstrategie gearbeitet. Hier liegt der Fokus darauf, Alleinstellungsmerkmale herauszuarbeiten und mit den Aspekten Qualität, Ausstattung und Service hervorzustechen (Venzin et al., 2010, S. 185 ff.). Die dadurch erzeugte Qualitätsführerschaft schafft durch ein einzigartiges Produkt und die resultierende Kundenloyalität Eintrittsbarrieren für Mitbewerber (Welge & Al-Laham, 2012, S. 213).

4.2 Blue Ocean-Strategie

Bei der Blue Ocean-Strategie werden neue, noch nicht besetzte Märkte geschaffen, was zu einer neuen Nachfrage am Unternehmen führt (Kim & Mauborgne, 2015, S. 18). Eine Schwäche des neuen Fitnessanbieters ist die mangelnde Bekanntheit in Rostock. Um diese Bekanntheit zu steigern, könnte eine Kampagne dazu führen, diese zu verbessern. Diese Kampagne könnte dazu genutzt werden, dass die Mitgliedern sich untereinander weiterempfehlen und viel in Rostock über das neue Fitnessstudio geredet wird. Die Kampagne beinhaltet, dass das Mitbringen von Freunden gefördert wird, und bietet jedem potenziellen Mitglied eine Vergünstigung. Jede Gruppe, die sich im Fitnessstudio neu anmeldet erhält dabei Preisnachlässe. Der Preisnachlass pro Neukunde ist dabei am größten, wenn die Gruppe aus vier Leuten besteht. Aber auch schon bei zwei Personen gibt es attraktive Rabatte. Darüber hinaus bekommt jedes Mitglied, was den Klub weiterempfiehlt, Rabatte und Sachwerte. Wenn das Mitglied einen Freund für ein Probetraining mit einem Berater empfiehlt, gibt es drei Protein-Shakes kostenlos. Meldet sich der empfohlene Freund an, so kriegt das Mitglied zusätzlich eine Freimonat und fünf anstatt drei Proteinshakes kostenlos dazu.

5 Personalmanagement

5.1 Führungsverhalten

Eine Führungskraft zeichnet sich nach Covey durch kontinuierliches Lernen, Kundenorientiertheit, positive Energie, Glauben in andere, ein ausgeglichenes Leben, der Sicht das Leben als Abenteuer und Synergie aus (1991, S. 33 ff.). In der Literatur ist dabei von Managern und Leadern die Rede. Zaleznik, der neben einem Wirtschaftsstudium ebenfalls klinische Psychoanalyse studierte (2016, S. 64), sieht den Manager als Pragmatiker und einen Leader als Visionär (2016, S. 54). An dieses Prinzip angelehnt führte Goleman eine Studie bei 4000 Führungs- kräften durch, um herauszustellen, welche Stile im Leadership in der Praxis zum Einsatz kommen. Diese sind der direkte, der pacesetting, der partizipative, der af- filiative, der visionäre und der coachende Stil (2000, S. 78 ff.). Goleman leitete von den Ergebnissen ab, dass fein guter Führungsstil von der Situation abhängig ist und hinsichtlich der Verfassung der Mitarbeiter hinsichtlich der Variablen können, wollen und sich trauen (Becker, 2009, S. 284).

Der direkte Stil sollte angewendet werden, wenn sich das Team in einer Notsitua- tion befindet und schnell agiert werden muss. Gerade wenn es um schwierige Mitarbeiter geht, sollte man einzelnen Mitarbeitern klare Vorgaben geben.

In der Zeit der Existenzgründung ist zu Beginn ein visionärer Stil von Vorteil, weil so erreicht wird, dass alle Mitarbeiter auf einem Weg hin zu der Unterneh- mensvision mitgenommen werden. Dieser wirkt sich ebenso angenehm auf das Arbeitsklima aus.

Sollte es mal zu Streitigkeiten innerhalb des Teams kommen, macht der affiliative Stil sinn. Er bringt die Mitarbeiter wieder zusammen.

Bei Projekten innerhalb des Unternehmens sollte die Führungskraft auf den partizipativen Stil zurückgreifen, um die Mitarbeiter zu beteiligen und wertvolle Beiträge von ihnen zu erhalten.

Wenn schnelle Ergebnisse aufgrund von einen Knappen Zeitfenster bei einem Projekt kommen sollen, kann pacesettende Stil angewendet werden. Dies sollte jedoch nicht zu oft geschehen, da er dem Arbeitsklima schadet.

Langfristig sollte der coachende Stil vor allem bei Mitarbeitern ausgeführt werden, die ausgebildet werden müssen. Infrage kommt dies bei dualen Studenten und motivierten Mitarbeitern.

5.2 Recruiting

Der Personalauswahlprozess glieder sich in die Teile Sichtung der Bewerbungsunterlagen, Backround Check, Bewerbungsgespräch, Testverfahren, Rückmeldung, Eingliederung (Schmeisser, Andresen, Kaiser & Teschner, 2013, S. 70). Diese Reihenfolge ist für die Personalbeschaffung bei diesem Unternehmenstyp ebenfalls einzuhalten. Als Testverfahren sollte aus Kostengründen kein komplettes Assessment Center durchlaufen werden. Es können jedoch punktuell psychologische Tests durchgeführt werden, die Fähigkeit überprüfen, ob sich der Bewerber auf spezielle Situationen mit den Mitarbeitern einstellen kann und seine Reaktionen situativ anpasst. Dies wird auch emotionale Intelligenz genannt. Darüber hinaus kann im Vorstellungsgespräch durch Fragen nach dem Umgang mit Konfliktsituation herausgefunden werden, wie empathisch eine Person agiert. Da aufgrund einer Neueröffnung keine Probearbeit stattfinden kann, sollte in diese beiden Phasen viel Zeit investiert werden, da Personal bei diesem Unternehmenstyp eine große Rolle spielt. Vor diesem Prozess sollte zudem vorher ein klares Stellen- und Anforderungsprofil definiert werden.

6 Literaturverzeichnis

Bea, F. X. & Haas, J. (2013). *Strategisches Management* (Grundwissen der Ökonomik: Betriebswirtschaftslehre, 6., vollständig überarbeitete Aufl.). Stuttgart: Lucius & Lucius.

Becker, F. G. (2011). *Strategische Unternehmensführung. Eine Einführung; mit zahlreichen Aufgaben und Lösungen* (4., neu bearbeitete Aufl.). Berlin: E. Schmidt.

Becker, M. (2009). *Personalentwicklung. Bildung, Förderung und Organisationsentwicklung in Theorie und Praxis* (5., aktualisierte und erw. Aufl.). Stuttgart: Schäffer-Poeschel.

Covey, S. R. (1991). *Principle-centered leadership*. New York: Summit Books.

Dunker, M. (2006). *Marketing* (Das Kompendium, 2. Aufl.). Rinteln: Merkur.

GfK GeoMarketing GmbH (2020). *Statistische Nachrichten. Kaufkraft in Rostock 2020* (S.6). Rostock: Hanse- und Universitätsstadt Rostock. Der Oberbürgermeister. Pressestelle.

Goleman, D. (2000). Leadership that gets results. *Harvard Business Review*, (März - April), 78–90.

Hinterhuber, H. H. (2011). *Strategische Unternehmungsführung. I. Strategisches Denken* (Bd. 1, 8., neu bearbeitete und erweiterte Aufl.): Erich Schmidt.

Kim, W. C. & Mauborgne, R. (2015). *Blue ocean strategy. How to create uncontested market space and make the competition irrelevant* (Expanded edition). Boston, Mass.: Harvard Business School Publishing Corporation.

Meffert, H., Burmann, C. & Kirchgeorg, M. (2012). Marketing. Grundlagen marktorientierter Unternehmensführung Konzepte - Instrumente - Praxisbeispiele (Springer Link : Bücher, 11., überarb. u. aktualisierte Aufl. 2012). Wiesbaden: Springer Gabler.

Müller-Stewens, G. & Lechner, C. (2011). *Strategisches Management. Wie strategische Initiativen zum Wandel führen: der St. Galler General Management Navigator* (4., aktualisierte Aufl.). Stuttgart: Schäffer-Poeschel.

Nagel, R. & Wimmer, R. (2009). *Systemische Strategieentwicklung. Modelle und Instrumente für Berater und Entscheider* (5., aktualisierte und erweiterte Aufl.). Stuttgart: Schäffer-Poeschel.

Openrouteservice (2018). *Isocrones* [Programm zum Anwenden der Zeit-Distanz-Methode]. Zugriff am 21.09.2020. Verfügbar unter

https://maps.openrouteservice.org/reach?
n1=54.091967&n2=12.134469&n3=17&a=54.091614,12.133759&b=0&i=0&j1=30
&j2=15&k1=en-US&k2=km.

Porter, M. E. (2000). *Wettbewerbsvorteile. Spitzenleistungen erreichen und behaupten* (6. Aufl.). Frankfurt: Campus.

Schmeisser, W., Andresen, M., Kaiser, S. & Teschner, E. (2013). *Personalmanagement* (UTB basics). Stuttgart: UTB.

Simon, H. & Gathen, A. von der. (2010). *Das grosse Handbuch der Strategieinstrumente. Werkzeuge für eine erfolgreiche Unternehmensführung* (2. überarbeitete und erweiterte Aufl.). Frankfurt, M.: Campus.

Techniker Krankenkasse (2020). *Prävention und Früherkennung/ TK-Fitnesscoachings.* Zugriff am 22.09.20. Verfügbar unter https://www.tk.de/techniker/gesundheit-und-medizin/praevention-und-frueherkennung/tk-gesundheitscoach/fitnesscoaching-2011450.

Venzin, M., Rasner, C. & Mahnke, V. (2010). *Der Strategieprozess. Praxishandbuch zur Umsetzung im Unternehmen* (2., erw. Aufl.). Frankfurt: Campus.

Weis, H. C. (2012). *Marketing* (Kompendium der praktischen Betriebswirtschaft, 16.,verbesserte und aktualisierte Auflage). Herne, Westf: NWB Verlag.

Welge, M. K. & Al-Laham, A. (2012). *Strategisches Management. Grundlagen – Prozessimplementierung* (6.): Gabler.

Zaleznik, A. (2016). Manager oder Führungspersönlichkeit - Wer macht es besser? *Harvard Business Manager*, (1), 54–64.

7 Abbildungs- und Tabellenverzeichnis

7.1 Abbildungsverzeichnis

7.2 Tabellenverzeichnis